ファッション・センスの磨き方

人生を10倍輝かせるために

Ryuho Okawa
大川隆法

まえがき

正直言って、若い頃から、ファッション・センスが自分にあるとは思っていなかった。古本屋の親父《おやじ》が、客も来ないので、ボンヤリと古書を眺《なが》めているような自己イメージだったかもしれない。

しかし職場環境の変化とは、人を変えるものだ。たくさんの人の前で話をし、写真に撮《と》られ、映像になり、新聞や地下鉄の中吊《なかづり》広告にもよく登場するようになると、周《まわ》りの人たちもファッションについて、一言いってくるようになった。自分でも映画などを鑑賞《かんしょう》する機会が多くなると、スターたちのファッション・センスを研究するようになった。

最近では、自分では謙遜《けんそん》したつもりの言葉が、ＨＳＵ（ハッピー・サイエンス・ユニバーシティ）の女子学生から、「先生は、十分《じゅうぶん》に若くて美しいのに、何てことをおっしゃるんですか。」とお叱りを受けることもある。四十年前に聞きたかった言葉だ。

人生には脱線《だっせん》もある。この「脱線学」もまた面白いではないか。

二〇一五年　十一月二十四日

幸福《こうふく》の科学《かがく》グループ創始者兼総裁《そうししゃけんそうさい》　大川隆法《おおかわりゅうほう》

ファッション・センスの磨《みが》き方
――人生を10倍輝《かがや》かせるために――

Contents

2015年 10月29日
幸福の科学 教祖殿《きょうそでん》 大悟館《たいごかん》（東京都）にて収録

2 美しく見える「着こなし方」のポイント　47

3 ファッション業界の大きなトレンド　73

4 人生を輝《かがや》かせるファッションの力 97

質問者

Q1　宇田《うだ》なぎさ（幸福の科学 宗務《しゅうむ》本部第二秘書局長）

Q2　竹内久顕《たけうちひさあき》（幸福の科学 宗務本部第二秘書局担当局長）

Q3　林《はやし》 紘平《こうへい》（幸福の科学 宗務本部庶務《しょむ》局職員）

Q4　倉岡《くらおか》ゆり葉《は》（幸福の科学 宗務本部第一秘書局部長）

［役職は収録時点のもの］

序論

ファッションについての具体的な質問に答える

大川隆法　「ファッション・センスの磨《みが》き方」というのは何とも〝恐《おそ》ろしい〟題ですが（笑）、幸福の科学としては、今、「美の法門《ほうもん》」を開こうとしているところなので、恥《は》ずかしい気持ちを何とか乗り越《こ》えて、挑戦《ちょうせん》していかねばならないのではないかと考えています。

特に、宗教などはファッションに疎《うと》くて、「時代を逆行《ぎゃっこう》すること数百年から千年、二千年」などということはよくあることです。

そういう意味では、実に厳しいテーマではあるのですが、今、HSU（ハッピー・サイエンス・ユニバーシティ）に芸能・クリエーター部門等をつくっていこうとしているところなので、何とか智慧《ちえ》を

●HSU（ハッピー・サイエンス・ユニバーシティ）
「現代の松下村塾」として2015年に開学した「日本発の本格私学」（創立者・大川隆法）。「幸福の探究と新文明の創造」を建学の精神とし、初年度は「人間幸福学部」「経営成功学部」「未来産業学部」の3学部からなる（4年課程）。2016年春には、新たに「未来創造学部」が開設予定。

働かせて考えていかねばならないと思います。

さて、美に関する一般《いっぱん》的な考えや哲学《てつがく》的な考えについての話は、すでに少ししているものの、一般ニーズとしては、個別具体的なことまで立ち入っての話が欲《ほ》しいのではないでしょうか。今のところ、そこまでは入《はい》っていません。

また、私のほうから話をしてもいいのですが、やはり、抽象化《ちゅうしょう》することが多いかと思いますので、今日は、男女さまざまな方の質問を受けて、それに答えるかたちを取ることにします。もちろん、自分自身のためではない質問でも結構です。ほかの人に代わっての質問でもよいでしょう。

私がそれに答えますが、現在ただいまの私が考えているようなところを、少しでも具体的に表すことができればと思います。

当然のことながら、全員に同じことを強制《きょうせい》し、「こういうふうにするように」という、「軍隊の制服」のようなかたちのことを言うわけではありません（笑）。関心のある方に向けての法門ということにはなるかと思います。

1

自分に合う
ファッションを
選ぶポイント

Getting
Better Sense of
Fashion

Q1

服を選ぶ際、ファッション雑誌やブログなどを参考に、好きなモデルさんの服や女優さんの服を真似《まね》て買ったりすることは多いと思うのですが、やはり、同じ服を着ても、着る人によって印象は異《こと》なります。そこで、「自分に合った服の選び方のポイント」等がありましたら教えていただきたいと思います。

「仕掛《しか》け人」によってつくり出されるファッションの流行

大川隆法　それは、つくり手側から言えば、「こういうものを売りたい」という気持ちがあるわけですが、着る側からすれば、「自分に合ったものを着たい」わけです。しかし、いろいろな人がいるなかで、メーカー等がそれぞれに合った服をつくって出すことは、そう簡単ではありません。

そこで、「ファッション・リーダー」が必要になります。有名な女優やモデルを使い、広く売りたいタイプの服を着てもらって、写真を撮《と》り、あるいは、映像化して流すのです。

それは、実際には、「こういう服を〝流行《はや》らせたい〟」ということなのですが、そう思われるとまずいので、〝流行っている〟と認識させるわけです。

そうすると、みんな、「あんなに有名な人や、あんなにきれいな人が着ているから、これを着たら自分もきれいになるのかな」と思って、同じものを買いたがります。みんなが買いたがるのであれば、ヒットするわけですから、仕事的に見れば成功するということでしょう。

そのように、いちばん力のある百貨店の購買《こうばい》部門、バイヤーなどが、その年の初めに、「今年はこういうものを流行らせる」ということを、だいたい決めるのです。

つまり、ファッション・リーダーとして実際に服を着て見せる人もいますが、その前に、「仕掛《しか》け人」がいるのが普通《ふつう》です。実は、大手の百貨店等に仕掛け人がいて、いちばん〝筋《すじ》〟を見抜《みぬ》く方が、「今年は、この色を流行らせる。この形を流行らせる」ということで仕掛けるわけです。

そして、毎年、流行を少しずつ〝いじる〟ことによって、「買い替《か》え需要《じゅよう》」が進みます。買う側としては、同じ服でずっと通せば安く済むし、楽なのですが、流行を変えることで、違《ちが》う形のものが売れていくのです。これは、仕事上というか「商売上の原則」ではありましょう。

確かに、機械でも車でも、何であっても、安くて丈夫《じょうぶ》で、壊《こわ》れないものをつくれば、お客に喜ばれることは間違いありません。

しかし、昔からよく言われるように、電球を売る場合、永遠に切れない電球をつくったら、まったく儲《もう》からないわけです。また、すぐに切れてしまうと、今度は買ってもらえなくなります。そこで、ちょうど一年ぐらいするとパチッと切れて、新しいものへの買い替え需要が起きるようにするのです。そのくらいまでフィラメントがもつようにつくると、毎年の売り上げが同じように立つため、ちょうどよいのでしょう。そういうあたりを狙《ねら》うと言われています。

服もそれと同じであって、ずっと通用するものを流行らせてしまうと、服のつくり手から、売り手、さらに輸入してくるバイヤー等も含《ふく》めて、新しいものが売れなくなります。そのため、少しずついじっていくわけです。

要するに、一年であまり極端《きょくたん》に変えすぎると、次がなくなる可能性があるので、その年に流行らせたものを、翌年《よくとし》にはその一部をいじって変えていくかたちが多いのです。

簡単なものとしては、裾《すそ》を長くしたり短くしたりします。あるいは、黒い色を流行らせたら、次は、ブルーを流行らせてみたり、黄色を流行らせてみたりと、色を変えれば簡単にブームが変わっていくことになるわけです。

「フォロワー」のレベルで満足していないか

買う側の「フォロワー」(追随《ついずい》する人)としては、流行っていて、みんながが着たがっているものを着れば、「自分もファッション・センスがいい」と思えるので、そういうものを買いたがります。

しかし、そこには一つ抵抗《ていこう》があるべきでしょう。

やはり、すでに流行ってきていて多くの人が着ているものや、つくり手側が買ってもらおうとして雑誌にたくさん載《の》せているものがあるわけですが、それを見てから買うというのは、〝時差《じさ》〟があって少し後《おく》れているのです。

みなが買い始めているときには、ウェーブ（波）が頂点に近づいているので、そこで買うのは、ファッションの世界から見ると、まるで正月の福袋《ふくぶくろ》に群《むら》がっている主婦たちのようなものでしょうか。また、「トレンディドラマで流行っている服を、みんなで着ている」などというのも、どちらかといえば、「蟻《あり》の大群《たいぐん》」風、あるいは、「イナゴの大群」風に行っているようなものかもしれません。

要するに、本当は、「美しく見られたい」というよりも、「周りから、『後れている』と見られたくない」というネガティブな心境から、そうしているることのほうが、むしろ多いと思うのです。「『あの人、後れているわね』と言われたくない」「最近の流行りをちゃんと知っているんだと認識されたい」というぐらいの感じが強いのでしょう。

ただ、「その服がファッション雑誌に載り、それを着たモデルや女優、俳優等が、よく目につく」というレベルになると、すでにピークは来ています。実際に、「製造側から見れば、在庫処分に入れなければいけない寸前まで来ている段階」で買い始めているわけです。

さらにもう一段、後れている場合、「みんなが着て流行った」という情報を少し遅《おく》れて入手し、バーゲンシーズンになってから、定価の七十パーセント、五十パーセント、あるいは、三十パーセントの値段で売っているものを買い始め、それで満足しているという方もいます。

そういった世の中の仕組みも、多少は知っていなければいけないでしょう。

やはり、「ほかの人から、『あのモデルさんが着ていた服を着ているのね』と言われて満足するレベルは、フォロワーのレベルだ」ということは知らなければいけません。それは、まだ自分で主体的に選べる力がないということです。

流行のデザインイメージは、一年ぐらい前から始まっている

さらに言えば、その年に流行る服でも、その前年に一部の人が着始《きはじ》めているということはあります。「一部の人が着始めてはいるけれども、まだ流行ってはおらず、広がってはいない」というものを、ウオッチャーはじっと見ているわけです。そして、「これは流行らせられるのではないか」ということを、新春物であれば、前の年のだいたい十月、十一月ぐらいまでには見分けていなければいけません。

そのように、シーズンがずれているので、真夏の暑いころに、毛皮のコートなどを仕込《しこ》まなければいけないのが普通です。また、真冬には、

春先の薄《うす》くなっていく服、四月、五月、六月用の服を仕込まなくてはいけないわけです。これは、実際に見てからではなく、もはや「推測」に入るでしょう。

つまり、半年ぐらい前に仕掛けるのですが、デザインイメージそのものは、一年ぐらい前に始まっているということです。

例えば、「来年の秋冬物には、どんなものが流行るのか」ということを、今年に流行っているものを見ながら予測を立てなければいけません。そして、半年ぐらいたって、季節的にはまったく違う春夏物が売れているときに、来年の秋冬物についてのビジョンを出して、認可を取っておくわけです。

その際、「どの程度の量を仕掛けるか」「それを流行らせるために、どんなモデルを使うか」「どんな女優に着てもらうか」「どういう広告会社とタイアップするか」等といったことを仕掛けていきます。また、「それがどの程度売れるか」というマーケットサイドまで読まないといけません。

ともかく、こういうことがあるので、ファッション雑誌等については、勉強しないよりはしたほうがいいと思いますが、だいたい〝時差〟があって、「現実に出ているものは後れているものが多い」ということを知っておいたほうがいいでしょう。「雑誌に載っているもの、あるいは、みんながよく着ているものを着ているから、自分は流行についていっており、流行の最先端を走っている」と思うなら、もうすでに後れを取っていると考えるべきです。本当は、「一年後に流行るもの」を見ていなければいけないわけで、一年後に流行るものの〝兆《きざ》し〟は、すでに現在ただいまのなかにあるのです。

例えば、「今から一年後の、来年の秋に、どんな服が流行ると思いますか」「どんなファッションが流行っていると思いますか」と訊《き》かれて答えられる人は、おそらく、ほとんどいないでしょう。要するに、頭がそこまでは行っていなくて、現在ただいまのことを観察しているわけです。もちろん、何もしないよりはよいのですが、それは、自分が時代遅れになっていないかどうかを確認するためにやる作業であって、何とか「平均のセンス」に追いつくためのものであると言わざるをえません。

やはり、「仕掛け人」がいて、「制作する人」がいて、「広告する人」や「実際に着て流行らせる人」がいるという、こういう手順を踏《ふ》んで流行が始まるのだということは知っておいたほうがよいと思います。

「新しい自分をクリエイトする」という視点

また、それが流行ってから〝後追《あとお》い〟で買う人たちは、大バーゲンに入る前のものを買わされているのであって、「あとで値下がりして、安く買える前のものを着ている」ということなのです。

確かに、本当によいものであれば、値下げしたものを買っても、よいもののはずでしょう。きれいな人が着て、きれいだったものは、半額になってから着ても、きれいなはずです。ところが、周りの人がどんどん着なくなっていくときに、それを着ていると、やはり、「後れている」と言われます。それが、「五十パーセント値引き」の意味です。要するに、

「後れている」ということを値札《ねふだ》に付けて歩いているわけで、「○○パーセントオフ」には、そういう意味があるのです。それは、「時代に後れた部分の〝代償《だいしょう》〟を払《はら》わされている」ということにもなるかもしれません。

もちろん、いろいろ勉強しなければいけないので、しかたがないところもありますし、奇抜《きばつ》なものを着ると、今度は時代がついてこないことがあって、周りから「何だ、それ？」と言われるようなこともあるとは思います。

また、大手《おおて》としては、できるだけ形を絞《しぼ》っていき、少ない型の数のなかで量を出したいわけです。これは一般《いっぱん》的な法則であり、少ない型で数多くの量を捌《さば》けば、仕入れコストが下がって利幅《りはば》が増え、売り上げも増えるので、そうしたいと思うのです。

しかし、個人のファッションの主義主張としては、マス（大衆）というか、「みんなが、これを着たら似合う」というようなものについては、基本的に「制服化したもの」だと考えなければいけないでしょう。要するに、それは、「時代に追随《ついずい》しているもの」なのです。

やはり、個人であっても、ファッション・リーダーとしての意気込みを持つべきではないでしょうか。

つまり、今までの自分の自己像から見れば、「こんなものは、とても着れない」と思うもののなかに、新しい自分をクリエイトしていく要素がないかどうかを考えるわけです。基本的に、そういうことが大事ではないかと思います。

店頭で「自分に合う服」を見分けるコツ①

店員のファッションを観察する

さて、「自分に合ったものがあるかどうか」という見分け方ですが、専門店もたくさんあるし、百貨店のなかには、いろいろな店が入っているので、選び方はさまざまにあるでしょう。

ちなみに、ブランド等の専門店で働いている人は、だいたいそのお店のものを五十パーセント引きぐらいで、〝自腹《じばら》〟で買っているはずです。自分の服ではあるので、割引はしてもらえるものの、五十パーセントぐらいはお金を出し、自分の会社のブランドの服を着て、店のなかで接客しているわけです。

したがって、まず、その店で働いている人たちを見ることが大切だと思います。

要するに、ブランド店は、基本的に、自分の会社の服の宣伝にプラスになると思うタイプの人を採用し、その服が似合わないタイプの人は採用しません。そこで、その店で働いている人たちを見て、自分と比べ、「自分に似ているタイプか」、あるいは、「自分が好ましいと思うタイプか」を考えてみるのです。

そして、「彼らが着ている服が、あなたにとって好ましく感じられるかどうか」を見たらよいでしょう。

もちろん、大きな流行のようなものは、トレンドが出てくることがあるので、それはそれで見なくてはいけません。しかし、ブランド店、専門店で細《こま》かく割って見ていくと、扱《あつか》っているものは、まだどれも大きくはブレイクしていないものばかりです。つまり、その店のものが売れるかどうか、みな〝賭《か》け〟でやっているわけで、それぞれの店が、自分たちの自慢《じまん》のものを売ろうとして頑張《がんば》っているのです。

いずれにせよ、店員は、だいたいそこのブランドの服を着ているので、その服が自分に合っているかどうかを選ぶ基準としては、店員を見て、「自分は、彼らと似た傾向《けいこう》があるかどうか」、さらに、「着ている服がよく似合っているように見えるかどうか、きれいに見えるかどうか」と判断するのが、一つではないかと思います。

要するに、全体の流れを知っているのも悪くないとは思いますが、基本的には、「自分に似合っているかどうか」「合っているかどうか」ということです。

これは、宗教の法則とは違うかもしれないし、非常に自己中心的に聞こえるかもしれません。しかし、ファッションも「自己表現」なので、いくらほかの人に合っていても、自分に合っていないものを着たら、自分の値打ちが〝値崩《ねくず》れ〟するわけです。

例えば、身長が百七十五センチ、あるいは、百八十センチもあるファッションモデルが着て「きれいだ」という服を、百六十センチの自分が同じように着たところで、「きれいだ」ということは、普通はないでしょう。やはり、それは〝違う〟のであって、背の高い方に合うものとそうでないものはあるのです。

ただ、モデルは細《ほそ》くて背の高い方が多いけれども、店員にはいろいろ違いがあるので、その店員が着ているものを見て、親近感というか、自分の趣味《しゅみ》に近いかどうかを判断することも大事ではないでしょうか。おそらく、彼らが着ているもののなかには、今まで自分が着たことがないようなものもあるはずですが、「自分がそれを着たらどうなるだろうか」というイマジネーションは湧《わ》いてくるだろうと思います。

店頭で「自分に合う服」を見分けるコツ②

マネキンのコーディネートをチェックする

また、店の角《かど》などには、だいたい一、二体、ないし三体ぐらいのマネキンが立っていて、服を着せてありますが、これは、その店がいちばん売りたい服です。やはり、時間を無駄《むだ》に使いすぎないためには、店の前を通るとき、マネキンに着せている服を最初に見れば、その店のいちばん売りたい筋はどういうものかが分かります。あるいは、なかにいる店員たちの服装センスが分かるのです。
要するに、「品数がたくさんあるなかで、何をよいと感じているか」という「ファッション・テイスト」が、マネキンの着ているものを見れば分かるので、まずはそれを見てください。これが、まったく自分のセンスに引っかからないものであれば、なかに入る必要はなく、通り過ぎればよいのです。

店頭で「自分に合う服」を見分けるコツ③

「自分のテイスト」を少しずつ絞《しぼ》り込《こ》んでいく

したがって、いろいろな店があるなかで、マネキンの着ているものを見て、何か感じるものがあったときに、店内に入るわけです。そして、店員のだいたいの顔立ち、サイズ、さらには着ている服といったものを見て、好ましく思うかどうかを判断します。また、店員の着ている服は、おそらくその店の代表的なものだと思うので、それ以外の服も見てみるとよいでしょう。例えば、「色違いのもの」、「型違いのもの」がどうなのかを見ていくわけです。

もちろん、サイズ合わせ等もしてみなくてはいけません。「実際に自分が着てみたら、どう見えるか」というところはあるはずです。「服そのものとしてはよいけれども、自分に合わせてみたら体型に合っていない」ということもありますし、それを直して、合う場合もあれば、合わない場合もあるのです。

だいたい、そういうことが言えるかと思いますが、このへんは、一般のＯＬやサラリーマンあたりでも感じられることでありましょう。

ただ、男性であれば、サラリーマンスーツ等は、紳士服《しんし》を取り扱っているところへ行っても、似たようなものがたくさんあります。また、たくさん置いてある生地《きじ》を見ても、「これを仕立てて、自分が着たらどんな感じになるか」というイマジネーションまで持つことができる人は、ごく稀《まれ》でしょう。たいていは、そこまで行かないと思います。

したがって、幾《いく》つかいろいろな店に行ってセンスを磨《みが》き、だいたい自分のテイストに合うものを絞《しぼ》り込《こ》んできたら、何度かそこで買うわけです。そうすることによって、自分に合うものを、より絞り込んでいくことはできるかもしれません。

もちろん、「その人の職業に合っているかどうか」というところもあると思いますし、あるいは、「その人の収入体系がどうか」にもよるでしょう。

例えば、堅《かた》い職業なのに、あまりラフな格好をしすぎるのも問題だろうし、自由業なのに、堅い職業の人が着るようなものを着るのもおかしいと思います。また、「仕事用」に着るものと、「オフ」のときに着るものとでも違いがありましょうから、そのへんをクリアに判断しているかどうかは大事なところです。

美しく見せることは「女性としての徳」にも当たる

ともかく、雑誌を読んでもいいし、テレビや映画等に出ている人をチェックしてもいいとは思います。しかし、最終的には、自分自身が自分自身のためのファッション・リーダーになるべく、「自分に最も合ったものとは何であるか」という、「ただ一つを求める心」を持っていることが大事なのです。

「美の伝道者」という言葉がありますが、あるいは、「美の求道者《ぐどうしゃ》」という言葉もあるかもしれません（『美の伝道師の使命』〔幸福の科学出版刊〕参照）。

つまり、「『私』という素材を使って、それをもっと美しく見せるためには、どういうチョイス（選択《せんたく》）をして、どういう演出をすればいいのか。どうすれば、『私』はもっと輝《かがや》くか」ということを、一つのテーマとして考えているわけです。

これは、特に女性の場合、「女性としての徳」「女徳《にょとく》」に当たるのではないかと思います。

「自分をどう輝かせるか」というのは、自分自身のことを考えているようでありながら、それだけではありません。結婚《けっこん》している方であれば、「結婚した相手に喜ばれるかどうか」を考えていることであるし、まだ独身であれば、「お付き合いしている方に喜んでもらえるかどうか」ということでもあるはずです。あるいは、「家族にどう見えるか」「職場の人たちにどう見えるか」ということでもありましょう。

それは、自分自身のためでありながら、同時にほかの人たちに対する、ある意味での〝環境《かんきょう》整備〟にもなっていると言えるのではないでしょうか。

例えば、花は、自分のために咲《さ》いているかもしれませんが、その花が咲くことによって、周りが美しく見えるわけです。こうしたことは職場でもあるでしょうし、もちろん、花壇《かだん》でも公園でもありえるでしょう。

ファッション・センスを磨《みが》くにも「知恵《ちえ》」が必要

ともかく、流行について研究するのは結構だけれども、たいていの場合、「半年、一年、後れて着ているものだ」ということは知っておいたほうがよいと思います。要するに、フォロワータイプの人は、実は、もはや峠《とうげ》を過ぎたころに飛びついているわけです。

しかし、そうであるよりは、自《みずか》らがファッション・リーダーとして、これからヒットするものを、少数のブランドのなかから選んでいくような感じがよいでしょう。あるいは、ブランドがなくても、「数あるもののなかから、自分ただ一人に合って、輝かせるものは何か」と問い続けることが大事であると思います。やはり、何事も心掛けと努力が大切なのです。

また、それを専門に売っている店員たちとの会話を通して、「センス」を磨《みが》いていくことも必要でしょう。

例えば、店に入っても、店員が勧《すす》めてくるものを見て、その人のセンスというか、ファッション能力を判定しなければいけません。自分にまったく合わないタイプのものを勧めてくるようでは駄目です。こういう人は、「ただ売れればいい」と思っているレベルであって、要は誰《だれ》でもいいのでしょう。おそらく、誰が来ても同じものを勧めていると思われます。

しかし、相手が同じ人ではない以上、勧めるものも違うはずです。つまり、相手を見て違うものを勧めてくるような店員との会話を通して、自分のファッション・センスを磨くことができるのです。

あるいは、通りを歩いていても、ショーウインドーを眺《なが》めながら、折々にいろいろなものを観察して、いつもセンスを磨いておくことは、非常に大事であろうと思います。

やはり、自分の着ているものを、女性の同僚《どうりょう》などにほめられるにしても、「これは、『○○○○』というファッション雑誌で、□□□□さんが着ていた服ね」と言われて喜んでいるようではファッション・リーダーではありません。それは、フォロワーにしかすぎないことを知っておいたほうがよいでしょう。

私としては、もう一段、知恵《ちえ》を巡《めぐ》らせて、自己主張をしていただいたほうがよいのではないかと思います。

Point

✦ファッションの流行には、
「仕掛《しか》け人」や
「流行《はや》らせるために着ている人」がいる。

✦ファッションを選ぶときに、
「新しい自分をクリエイトする」という視点を
持つことが大事。

✦「自分のテイスト」を絞《しぼ》り込《こ》み、
「自分自身が、自分のための
ファッション・リーダーになる」
という気持ちを持つ。

2

美しく見える「着こなし方」のポイント

Getting
Better Sense of
Fashion

Q2

「服とは、なりたい自分になれる、魔法《まほう》のようなものだ」と感じているのですが、そうした、自分の憧《あこが》れや理想に近づいていくためには、どのように服を着こなしていけばよいのでしょうか。

例えば、シャネルやエルメス、グッチといったブランドもありますが、服の「着こなし方」によって、より美しく変化していくと思います。

そこで、繊細《せんさい》なタッチで魔法がかかるように美しくなっていくための、着こなし方のポイントについて教えていただければ幸いです。

ブランドとは「プロフェッショナルからの提案」である

大川隆法　確かに、「ファッション学」のようなものが、ずばり分かるように教えられているわけではないので、最初のうちは、学び方も難しいだろうとは思います。

ただ、質問のなかで、「ブランド」という言葉が出ましたけれども、ファッションを心掛《こころが》ける方は、まず、ある程度、「ブランドによってどういうものを打ち出しているか」という、その違《ちが》いを知るあたりから始まるのが普通《ふつう》ではないでしょうか。

やはり、ブランドとは、「一般《いっぱん》の人たちは、ファッションに関しては素人《しろうと》でしょう。素人が自分の自由裁量で選ぶと、大変な失敗をすることがありますよ。どうせお金を使うのであれば、玄人《くろうと》の目を通ったものを着たらいかがでしょうか」という提案をしているわけです。それが、いわゆる「ブランド」の存在理由だと思います。

もちろん、ブランドをつくっているものには、デザイナーもいれば、企業《きぎょう》方針や企業精神もあるし、過去の実績もいろいろあるでしょう。

また、使っているタレントやモデル等の好みがあって、「どういう人を選ぶか」というところもあります。やはり、自分が好きなモデル、あるいは、タレントが着ているものを選んで買いたくなるようなところがあるわけです。

そうしたものを含《ふく》めて、「趣味《しゅみ》の形成」というものが、ブランドには集約されているかと思います。

したがって、〝一般ピープル〟というか、給料をもらって仕事をしている事務系の人やワーキングクラスの方々は、全体的にそれだけの力はないのが普通かと思いますので、まずは、プロフェッショナルを張っている方々の提案力を比較《ひかく》してみて、どこの提案が自分の心に響《ひび》いてくるかを見分けていくのがよいでしょう。

ブランドはたくさんありますが、幾《いく》つかあるなかから絞《しぼ》っていき、「こっちとこっちだったら、最終的に、どちらが自分に合うだろうか」と考えていくわけです。

「時期に合わせてブランドを変えていく」という考え方

また、選ぶブランドに、「時期」があってもよいでしょう。やはり、自分があるブランドを着こなしていて、かっこよく見える時期というのはあると思うのです。

●ポール・スミスというブランドを例に取れば、〝ポール・スミスの時代〟

というのもあるかもしれません。ポール・スミスのようなところであれば、値段もそこそこリーズナブルで安いほうですし、ファッション・センスも悪くありません。たいてい、若くて細身《ほそみ》の方にはよく似合う服を置いてあります。

そのように、「体がまだ細くて、若くて、収入もそれほど十分ではない」というなら、ポール・スミスという選択《せんたく》をして、しばらくそこの服を着こなしてみるのです。あるいは、ネクタイから、いろいろなグッズまでをポール・スミスで固めてみて、しばらく着こなしてみるのもよいかもしれません。

ただ、そのうち年齢《ねんれい》が上がってきたら、同僚《どうりょう》や先輩《せんぱい》たちの着ているものも変わってきて、以前とは違ったものを着ているのが見えてくることもあるでしょう。あるいは、体型が変わってくるこ

●ポール・スミス

イギリス出身のファッションデザイナー、ポール・スミスによるファッション・ブランド。1970年にメンズファッションの店として設立し、1976年、自身初のコレクションをパリで発表。1984年、日本進出。1987年、ニューヨーク5番街に路面店を構え、若いエリート層のステイタスシンボルとなる。1993年よりレディース・コレクションをスタート。

とだって、当然あります。

例えば、「ポール・スミスが合っていると思っていたのに、スポーツジムに通うようになったら、体がマッチョになってしまった」ということもあるわけです。マッチョ系になってきたら、「このマッチョを美しく見せるには、ポール・スミスでは少し足りないんじゃないか」ということで、「マッチョ系の人が着ている服はどんなものだろうか」と考えなくてはいけません。そこで、街角《まちかど》に大きな写真入りで出ているような、いろいろな広告を見たり、CMを観《み》たりして、そのなかから、違ったブランドを選び分けていくこともあるだろうと思うのです。

「中年期以降のファッション」の心掛《こころが》け

もちろん、資金的にもっと余裕《よゆう》が出てきた人であれば、今度は、「自分なりのものを選んであつらえる」ということも当然あるでしょう。ただし、これは、おそらく、「中年期以降ぐらいの美学」だろうと思います。

そのくらいになると、「どういうものを着るか」によってステータスが見えてくることがあるのですが、残念ながら、「一般に数多く売りたい」というようなものを着ていて、ステータスが上がることはあまりありません。

やはり、中年期以降になると、自分の役職や将来性、あるいは、収入傾向《けいこう》や職業傾向に合わせた服を着ていかないと、格好がつかないようにはなっていきます。

例えば、女性には、「百年の恋《こい》も一日で冷めてしまう」ということがありますけれども、男性にもそういうところはあるのです。

もちろん、表向き、仕事で見せるパシッと決まったものも当然必要ではありますが、オフのときには普段着ということで、気軽にしているのではないでしょうか。ただ、「気軽にしているなかにも、少し違いを持っている」という努力感は要《い》ると思うのです。

やはり、相手がさりげない努力感でつけているものをよく見ていると、ブランド名までは分からなくても、「だいたい、こういう傾向かな」ということが分かるようになってきます。そういう意味では、そうした傾向の品物をプレゼントされたりするようなことも起きてくるでしょう。そのあたりの見方もあるかもしれません。

「物足りなさ」から始まる〝ブランド・イノベーション〟

ともかく、置かれている立場や職業、年齢は人それぞれなので、一概《いちがい》には言えませんが、定見《ていけん》、つまり、自分の固まった考え方がないのであれば、最初は、「プロフェッショナルが提案しているブランドのなかから選び取る」というかたちで、自分に合ったものをしばらく身につけてみるのがよいでしょう。

ただ、そのうち、何か物足りないところが出てくると思うのです。

例えば、スーツやブレザー、ネクタイ等もあれば、バッグのほか、ベルトや時計などのいろいろな小物もあります。こうしたものが、だんだん、どこかで物足りなく感じてくるときがあるわけです。

そういうときは、「違ったブランドのなかから、今、つけたいものは何か」ということを考えて、選ぶころなのでしょう。

また、「ブランドの移行《いこう》」が起きたときは、一つのイノベーションの機会でもあります。つまり、その「何か」を変えたときに、他のものも同時に変わってくることがあるわけです。

例えば、彼女から誕生日プレゼントでネクタイをプレゼントされたとします。そのネクタイが実によいものである場合、それを着けると、今まで着ていた服と合わなくて、今度は、「そのネクタイに合った服を探さなければいけない」ということになるわけです。それで、〝ブランド・イノベーション〟が起きます。要するに、「そのネクタイに合った服はどのようなものか」ということを考えるようになるのです。

また、若い人であれば、まだ時計などには、それほどこだわってはいないでしょう。人気のある高い時計と、形も色も似たようなもので、一万円から三万円ぐらいの時計をつけているかもしれません。そのような若い人向けの時計がたくさんあるので、このあたりの違いがよく分からずに、似たような感じのものをつけて満足できている方もいると思います。

ただ、ある程度の高級時計などを経験するようになると、目が厳しくなってくるので、「身につけるものと、服とが合っているかどうか」というようなところまで入ってくるわけです。

「同色系統」で揃《そろ》えると大きな外《はず》れはない

このあたりになると、いわゆる、「違い」が分かってきます。着ているものと身につけているもの、つまり、ネクタイや服、アクセサリー、時計、ベルト等についてです。

例えば、上着《うわぎ》とズボンとの色彩《しきさい》のコーディネーションができているかどうか。それらをコーディネートしたら、ネクタイもコーディネートできているかどうか。その色が合っているかどうか。さらには、靴下《くつした》まで合っているかどうか。靴下まで合わせると、次は、靴が合っているかどうか。靴の色が合っているかどうか。ここまで、トータルコーディネートしていかなければいけないわけです。

もちろん、無難《ぶなん》な着こなし方としては、一般的には、「同色系統で固めていく」という方法があるでしょう。そうすると、大きな外《はず》れはありません。

例えば、スーツが紺色《こんいろ》なら、ネクタイも紺系からブルー系のようなものにしていったりします。また、上着が紺系なら、ズボンも紺で揃《そろ》えるのがフォーマルですし、サラリーマンルックとしては当然のことでしょう。

あるいは、ブレザー風の、ややカジュアルな感じであれば、同色系統のなかから、少し色違いのものを選んでもよいと思います。上が紺なら下は明るいブルーにするとか、青系統の縦線が入ったものを選んでいくとか、そのような方法もあるでしょう。

そのように、一般には、だいたい同色系統の着こなしで統一していくあたりから、ブランドのコーディネーションは始まります。

アメリカでは「赤×青」の組み合わせがうける？

ただ、もう一段いろいろなものを着こなしてき始めると、遊び心が少し湧《わ》いてくるので、なかには「この組み合わせで来るか」というような“挑戦《ちょうせん》”も出てきます。「普通は考えられないようなものを、一カ所、入れてみる」というようなことが出てくることもあるわけです。

もちろん、このあたりの色彩感覚には国民性なども関係するため、微《び》妙《みょう》なところはあるでしょう。

例えば、私は若いころの話をよくしていますが、商社のニューヨーク勤務時代には、ブルー系のスーツを着て、赤いネクタイを着けていたことがありました。そのときに、六年ぐらい上の日本人の先輩から、頭ごなしに怒《おこ》られたのです。

「おまえは、なんていう色彩感覚をしてるんだ！　『ブルーに赤』っていうのは最低だ！」という感じで、ガンガンに怒られたので、「すみません。かっぺ（田舎者《いなかもの》）で申し訳ございません」と言って、その組み合わせはしないように努力したことを覚えています。

しかし、日本に帰って、その後、何十年かたちましたが、いろいろ見ているかぎり、アメリカンヒーローはみな「赤」と「青」の組み合わせなのです。スパイダーマンのスーツも赤に青が入っているし、スーパーマンも青いスーツに赤いマントでしょう。これが、だいたいの基本形です。

また、アメリカの大統領選では、最後に最有力者同士の一対一のディベートがあります。そのときには参謀《さんぼう》がついているのですが、話の内容を考えるだけでなく、しゃべり方やジェスチャーまで〝振《ふ》り付け〟もするわけです。それと同時に、服装コーディネーターもついて、大統領候補の服装をコーディネートしているのです。

その際、事前に、いろいろとアンケートを取って、「どういう格好や服装が好評か」という調査をしていますが、私が近年見たものによれば、共和党候補 対 民主党候補が一対一で行う最終ディベートのときに、いちばん人気があるのは、「紺《こん》系のスーツに赤いネクタイ」をしたスタイルでした。評点としては、それがいちばん上です。その次が「紺系のスーツにブルーのネクタイ」をしたスタイルで、何パーセントかの差で迫《せま》っていたかと思います。

おそらく、その人気度を見て、「ネクタイを赤に替《か》える」とか、「相手が赤で来るなら、しかたないから、こちらはブルーで行く」とか、やっているのでしょう。

「着こなし」と「オーラ」の関係

なお、先ほど述べたセオリーのように同色系統で行くなら、「紺のスーツにブルー系のネクタイ」というスタイルが無難なラインではあるわけですが、実際にアメリカ大統領選のアンケートを取ってみると、意外に、「紺のスーツに赤いネクタイ」のほうが人気だったわけです。

しかし、これは、いわゆる一般的なリクルートルックそのものでしょう。学生が面接等で会社へ行くときは、無難に乗り切るために、紺のスーツに赤いネクタイなどをしていくわけですが、それと同じ結果が出ているのです。要するに、マス（大勢）の人たちに好感を持ってもらうと、統

2012年10月3日、アメリカ・コロラド州デンバーで行われたアメリカ大統領選の第1回討論会。当時、民主党側の候補者だったオバマ大統領（右）はブルーのネクタイを、共和党側の候補者だったミット・ロムニー氏（左）は赤いネクタイをしている。

計的には、そういう結果がある程度出てくるのかもしれません。

ともかく、そういったこともあるので、必ずしも、「この色に、これが合う」というものが一点だけ決まるわけではなく、正反対のものの人気が出る場合もあるのです。

確かに、一般には、同系色で固めていくと、全体的にスマートには見えると思います。ただ、「勝負する」「自分のインパクトを強める」「多くの人に振り返ってもらう」という目的であれば、大胆《だいたん》に変化をつけるということもありうるでしょう。

例えば、思い切って原色《げんしょく》を使ってみると、すぐに目を引くはずです。渋谷《しぶや》あたりで街宣《がいせん》をするとか、パレードをするとか、他人《ひと》の前を先頭で歩くとかいうのであれば、思い切って「真っ白な服」を着てみたり、「黄色いネクタイ」をしてみたりすればよいわけです。

やはり、仕事上というか、役柄《やくがら》上、他人の目を引くことが大事なのであれば、極端《きょくたん》な色にするというような、大胆な打ち出しも必要かもしれません。ただし、場所にもよるとは思います。

また、それを着こなせるかどうかは、その人の「力量《りきりょう》」「オーラの量」にもよるでしょう。

つまり、オーラが強いと主張が強くなり、普通の人がしないような着こなしであっても、「こういうふうに着るものだよ」という感じに見せてしまうことがあるわけです。

ところが、大胆なチャレンジをしても、オーラが弱いと〝服に負けて〟しまって、周りから、「あなた、すごい格好をしてるね」と言われただけで終わることもあります。それでめげてしまって、その服を二度と着られなくなるということもあるかもしれません。

そういう意味では、「内面の思い」が「外面」と呼応《こおう》し合うことが、非常に大事であると思います。

ファッションの熟練度を上げるために

やはり、ファッションについても、〝白帯《しろおび》〟から〝黒帯〟の熟練度があります。その熟練度を上げていくためには、まずは「無難なブランド選択」や「ブランド統一」から始めるとよいでしょう。

さらに色彩感覚としては、同一系統あたりの練習から始めて、少しずつそれを外していき、変化をつけていくことが大事であると思います。

また、先ほど述べたように、その年の流行によっては、服の丈《たけ》が短くなったり長くなったり、ズボンの丈も短くなったり長くなったりすることがあります。

もちろん、ズボンの裾《すそ》がダブルになったり、シングルになったりすることもあるし、両方が両立しているときもあるでしょう。

さらには、ネクタイでも、「二重巻きにして太くしているのが流行《はや》っている」と思っていたら、いつの間にか細くなっていたりするときもあります。しかし、「細い」と思っていたら、また太くなっていたりすることもあるので、よく見なければいけません。このあたりは、テレビに出ている人たちの服装を観察することが大事かと思います。

いずれにせよ、スーツやカジュアルな服にネクタイを着けるなら、まずは、そうしたコーディネーションが非常に大事なのではないでしょうか。あとは、そこに何かポイントをつけるかどうかということです。

ただし、「服がよければ全部いいか」といえば、必ずしもそうとは言えません。中身のほうが落ちこぼれてしまった場合、「ちんどん屋」と言ったら古くなりますが、〝サーカス〟のように見えることもあるので、ある程度、本人の自己意識と服装が釣《つ》り合っていなければなりません。自分で、「似合っていない」と思いながら着ているのであれば、それは、他人にも分かるということです。

また、「着こなしているかどうか」ということには、ある程度の「ブランド統一、あるいは〝ブランド破壊《はかい》〟をしている服装のコーディネーションに、自意識が勝てるかどうか」のところがあります。やはり、相手に、「それはおかしいよ」「間違ってるよ」と言わせないだけの、何か「自信」のようなものが要るのではないかと思います。

Point

自分の年齢《ねんれい》や立場、体型の変化に合わせて、
選ぶブランドを変えていく
（ブランド・イノベーション）。

スマートに見せたいときには、
同系色のコーディネートを。

インパクトを出したいときには、
大胆《だいたん》な色のコーディネートに
チャレンジするのも手。

大胆なファッションを着こなすには、
それに負けないだけの「オーラ」が必要。

3

ファッション業界の大きなトレンド

Getting
Better Sense of
Fashion

Q3

売り手側の質問になると思うのですが、ファッション業界では、九月から十月にかけて、「世界四大コレクション」が開催《かいさい》されておりました。それに伴《ともな》いまして、美の世界やファッションの世界からの働きかけが、非常に強くなっているのではないかと思います。

そういった世界から適切なインスピレーションを受けて、売れる服、ロングヒット商品をつくっていくためには、売り手側、あるいはデザイナーに、どのような心構えや努力が必要でしょうか。

「宗教」と「ファッション産業」の共通点とは

大川隆法　必要なものは、基本的に、私がこれまで説いてきた創造性に関する教え（『創造の法』〔幸福の科学出版刊〕等参照）とほとんど変わらないものだと思います。

実は、幸福の科学はずいぶん初期のころに、ボストン・コンサルティング・グループを経験した人に見てもらったことがあるのですが、「いちばん似ているのはファッション産業です」と言われたことがあって、少し驚《おどろ》いてしまいました。

その人は、「業態としては、ファッション産業がいちばん似ています。宗教のコンサルタントをしたことはないですが、『似ているものを引っ張り出せ』と言われれば、ファッション産業しかありませんね」と言っていたのです。それは、「宗教もクリエイティビティー（創造性）が非常に大事である」ということでしょう。

また、ファッションが流行《はや》らせなければ駄目《だめ》なものであるように、

● 世界四大コレクション
世界的な４つのファッションショーのこと。フランスで開催されるパリ・コレクション、イタリアで開催されるミラノ・コレクション、アメリカで開催されるニューヨーク・コレクション、イギリスで開催されるロンドン・コレクションがある。

宗教も流行らせなければ駄目なものです。宗教には、基本的にファッションと似たところがあって、流行らなければ広がりません。大きな宗教になっていくためには、広がらなくてはいけないし、何か人がついてくるようなものがなければいけないわけで、そういう発信が要《い》るということでしょう。

ショーでの極端《きょくたん》なファッションには「メッセージ」が込《こ》められている

さて、そうしたコレクションに登場するモデルには、確かに、この世離《ばな》れした非現実な人が多くいます。そういう人は、一般《いっぱん》的には、家庭の

シャネルの2016年春夏プレタポルテ・コレクションは、「シャネル・エアライン」をテーマに、空港に見立てた会場グラン・パレで披露された。

なかにいないし、同僚《どうりょう》のなかにもいないタイプであることが多いでしょう。「そういう人がいると本当に困る。居心地《いごこち》が悪くなる」というようなタイプの人が、すごいファッションをして歩いているので、それをそのまま真似《まね》できるかというと、厳しいものがあると思います。

ほぼ〝宇宙人〟のような人が、〝地球人が着てはいけないような、すごいもの〟を着て歩いているので、あれを着て街を歩いたら、人は振《ふ》り返るでしょう。しかし、「どういう意味で振り返っているのか」というところがあるわけです。

例えば、秋冬にかけては、「ハロウィン・パーティーに出るのかな」と思われるようなものも、そうとう出ていますが、「それを着て、職場に行けるか。それを着て、デートができるか」というと、「ちょっと厳しい」というぐらいの極端性《きょくたんせい》は出ていると思います。

（右）グッチの2016年春夏プレタポルテ·コレクションより。
（左）シャネルの2015-2016年秋冬オートクチュール·コレクションより。

要するに、「同じものを着てデートに臨《のぞ》んだら、破れるかもしれない」というような、すごいものを着ているわけで、〝危険〟ではありますが、非常に極端化しないと分からないのでそうしているのです。

ただ、非常に極端化したファッションをしてはいるものの、そのなかから、ある程度、「メッセージ」は出ているので、そのメッセージを読み取るのは大事なことだろうと思います。

やはり、どこの世界でもそうですが、ファッション業界にも宗教などと同じく、〝教祖〟に当たるような人たちがいます。そうした、デザイナーとして〝教祖〟に当たるような人たち、あるいは、経営者として企業《きぎょう》経営をしていたとしても、大手の企業で経営をしている人たちのセンス等は、宗教の教祖と同じなのです。

あるいは、服だけではなくて、書店などでもそうでしょう。「どのような本を流行らせるか」というようなことについては、本当に、宗教の教祖にも似たものがあると思います。「この本を今年、流行らせるぞ」とか、「こういうものをブームにするぞ」とかいうように仕掛《しか》けていくのは、ほとんど宗教と変わらないのではないでしょうか。

そういうところがあるので、コレクションものを研究しても結構だと思うのですが、モデルと、その着ているものは非現実なところがとても多いので、ストレートには真似できません。ただし、仕掛けてこようとしてくる人たちの狙《ねら》いは、読み解かなければならないと思います。つまり、極端なものを見せることによって、それ以前のものが、みな〝中道《ちゅうどう》〟に見えてしまうわけです。

例えば、百八十センチ近い身長のブロンド美女が、ファッションショーで着て歩いているものというのは、「こんなものを寒空《さむぞら》に着て歩けるか」

というようなものでしょう。そうした服をけっこう着て歩いているわけですが、普通《ふつう》はそんなものを着て歩けません。自分もモデルなら結構だと思いますが、普通は着られないものです。

しかし、そこまで極端なものを見せることによって、それより手前のものは、みなモデレート（適度《てきど》）というか、おとなしく収まっているように見えるところがあるわけです。

「ファッションの流行」をつくる原則とは

実を言うと、そうしたファッションショーでのモデルの奇抜《きばつ》な格好は、雑誌業界で言えば〝写真雑誌〟に当たる部分でしょう。

写真雑誌というのは、違法性《いほう》のギリギリまで取材して書きますから、そこまで書くのなら、普通の週刊誌には〝何でも書ける〟わけです。また、普通の週刊誌で〝何でも書ける〟というのは、新聞であれば、〝やっと書ける〟というあたりかもしれません。そういう〝段階〟があると思います。

言ってみれば、「マスメディアにおいて、犯《おか》罪を犯すかもしれないギリギリのところまで攻《せ》め込《こ》む部分」が、実は、「ファッションショーのトップモデルたちに着せている奇抜《きばつ》な服装」なのです。

もし若い奥《おく》さんが、そのような服を着て家に帰ったりしたら、亭主《ていしゅ》はもう、「これは何かが起きたに違《ちが》いない」と絶対に思うでしょう。「おまえ、何かあったのか。どこかでパトロンでもついたか」というような感じになるはずです。

したがって、そのままずばり、その影響《えいきょう》を受けるわけにはいかないと思いますが、「そのファッションの主張が何か」ということは聴《き》くとよいかもしれません。

特に、色や形などについて、要するに、「長くしたいのか、短くしたいのか」というようなところを見てもいいし、帽子《ぼうし》なども、「どのようなものを流行らせたいのか、流行らせたくないのか」というあたりの違いはあるでしょう。

やはり、ファッションを流行らせる原則、つくる側の原則は、例えば、「長いものを流行らせたら、次は短いものを流行らせる」ということなのです。これは、ほとんどそうであって、色の濃《こ》いものを流行らせたら、次は薄《うす》いものを流行らせます。要するに、長くしたり短くしたり、濃くしたり薄くしたり、取ってみたり乗せてみたり、華美《かび》にしてみたり質素にしてみたり、透《す》けるようにしてみたり、透けないようにしてみたり、いろいろと「逆」にするわけです。

これは、「創造性の法則」とまったく同じことをしています。毎年毎年、買い替《か》えてもらうためには、今年流行ったものを全部〝古着《ふるぎ》〟に変えていく必要があるので、いろいろと組み合わせを変えながら極端なものを打ち出して、古く感じさせるわけです。それがメインの考え方なのです。

長寿《ちょうじゅ》社会における「ファッション哲学《てつがく》のトレンド」とは

また、書店や取次《とりつぎ》店の人たちは、「ファッション雑誌や女性雑誌等は、表紙を見て、使っているモデルやその服を見れば、だいたい編集長の年《ねん》齢《れい》が推定できる」と、はっきり言っています。「これの編集長は五十代、これは四十代、これは三十代ですね」というように、きっちり当てるのですが、好みを見れば読めるわけです。

つまり、そうした編集長たちには、自分たちが育った世代で「よかった」と思うものの〝刷《す》り込《こ》み〟が入っているのでしょう。そのため、だいたいそういうものはよく見えて、それ以外のものはよくないように見えるのです。

そのように、自分が〝刷り込まれた〟ままの感覚で年齢が上がってきており、そこからよし悪《あ》しを見ていることが多いので、努力しないといけません。売る側から見れば、ターゲティングはとても難しいのですが、「自分の固まった目が合っているかどうか」については、よく知っておかなければいけないと思います。

例えば、今、社会は「長寿社会《ちょうじゅしゃかい》」に入っています。あるいは、「超《ちょう》高齢社会」に入っているわけです。もちろん、各人の仕事をする年数が長くなることもあると思いますが、長くなろうがなるまいが、長寿の人が増えてくることは事実でしょう。

つまり、今まで六十歳《さい》ぐらいだった定年が、六十五歳になり、七十歳になろうとしていますが、それを超《こ》えて、八十代、九十代という長寿の人たちが、まだ元気で生きている時代に入ってきています。そういう人たちを〝濡《ぬ》れ落ち葉〟(定年退職後の夫を評した比喩《ひゆ》)にしてしまってはいけないわけで、それは社会的には損失に当たるでしょう。

したがって、売る側の基本的な戦略としては、社会的に仕事が終わり、現役《げんえき》ではなくなって、「もうそんな、おしゃれをしたって無駄だ」と思う年代の人たちに対して、「今の六十歳は昔の四十歳。今の八十歳は昔の五十五歳ぐらいですよ」という感じのプレゼンテーションをしなければいけません。

そのように、「寿命が延《の》びた分、人を若返らせる」というのが基本的なセオリーなので、ファッション哲学《てつがく》としては、「長寿社会を見苦しいものにしない」という強いトレンドが、実は今、働いています。

昔であれば、「もうこの歳《とし》になって、こんなものを着るのは恥《は》ずかしい」とか、「こんなものを着けるのは恥ずかしい」などというところを、乗り越《こ》えさせるトレンドをつくろうと、一生懸命《いっしょうけんめい》、努力していると思うのです。

「若い」というだけでは勝てない時代に入ってきた

一方で、上の年齢の人がすごく若返ってくると、今度は若い人の側も刺激《しげき》を受けてくるでしょう。

上の年齢の人たちには蓄《たくわ》えた資金がありますし、あるいは、まだ働いている場合、収入が多いわけです。もし、そういう人たちが「若い人と同じマーケットに属するファッション」で〝攻めて〟きたら、若い人としては、「安いブランドのものでしか戦えない」ということになって、極《きわ》めて不利になります。そのため、今度は、若い人のほうが落ちこぼれて見えるようなことが出てくるわけです。

一般的には、「肉体が若い」というだけで美しいかもしれません。しかし、一般法則ではそうだったとしても、「若い」というだけでは美しくなくなる場合が出てきます。ファッションやおしゃれにおいて、「美学」を磨《みが》いた人から挑戦《ちょうせん》を受けると、「若い」というだけでは勝てなくなってくるのです。そこで、「努力」が必要になってきます。

かつては、「若ければ美しい」ということで、「若い人は、どんな奇抜な格好をしても流行る」といったときもあったでしょう。髪《かみ》の毛を立てて、金髪《きんぱつ》や茶髪にしてみたり、眉毛《まゆげ》を抜《ぬ》いてみたり、あるいは、ピアスを通してみたり、腰回《こしまわ》りにジャラジャラと鎖《くさり》をつけてみたり、いろいろと奇抜な格好をすると、ファッション性があるように見えていたと思います。

ところが、もう少し大人の年齢の人たちが、若い人の着るようなファッションにおいて高級な戦略で攻めてきたら、若い人たちの格好は、いわゆる〝ヤンキー風〟にしか見えなくなってくるはずです。

そうなると、若い人たちは、オーソドックスな世界に戻《もど》って、「若さをもう一段引き立てるには、どうしたらよいか」という努力をしなければ、〝安い若者〟になってしまう可能性が高いのではないでしょうか。

ファッション業界全体には、大きなトレンドとして、「超高齢社会に入ってくる人たちを〝秋の落ち葉の山〟にしない。その人たちを、みな二十歳若返らせたい」という意欲があります。

ただ、そういう人たちが二十歳若返った場合、実際の年齢が二十歳若い人たちは立場がなくなるわけです。彼らとしては、一緒《いっしょ》になられたのではたまらないので、工夫《くふう》をしなければいけません。また、ファッション業界としても、若い人たちをもう一段、若返らせなくてはいけなくなると思うのです。

若者が、〝若さを武器〟に「いい仕事」をするためには

さらに、若い人たちにとってみれば、おそらく次は、はじけていいてよかったであろう〝ヤンキー風〟のスタイルから、その「逆」をやらなくてはいけなくなるでしょう。

若い人には、若さと美貌《びぼう》に加えて、若いのにもかかわらず、「すごく落ち着いた感じ」や「シックな感じ」、「何か管理職でもできそうな雰囲気《ふんいき》」、「抜群のセンスのよさ」、あるいは、「顧客《こきゃく》吸引力の高さ」というか、「多くの人たちを引き寄せるような力」を持つことが必要になってきます。

つまり、若い人が、今度はその〝若さを武器〟にして、いい仕事をする

ためには、顧客吸引力、お客様や取引先等に、「あの人には、もう一回会ってみたいな」「あの人の周りに集まってみたいな」と思わせる力、あるいは、「週末には出てきてくれませんか」と言わせるような力を持たなければならないわけです。そういうものも、日ごろの努力が姿を現してくるところではないかと私は思います。

そういうわけで、質問の主題からは少しずれているかもしれませんが、「世界四大コレクション」のようなものは、実際上は、女性たちにとっても非現実なものではありましょう。しかし、それは、「いっぱいいっぱいまで〝宇宙人化〟してみせて、その途中《とちゅう》にある服を、みな普通に見せるための作戦なのだ」ということは知っておいたほうがよいと思います。

極端なものを着てみせると、普通ではない服が普通に見えるので、「安心して買える」ということがあるわけです。ただ、「その方向性として、どのようなものを流行らせようとしているのか」というところは、見ておいたほうがよいでしょう。

もちろん、その流れに乗るのも一つだし、その流れに抗《こう》して、ネクスト・ウエーブを事前に構想することも一つです。それは、小さいながらも、ファッション・リーダーになることだろうし、小さいながらも〝ファッション・カリスマ〟になることでもあるだろうと思います。

Point

✶
ファッションショーでの
極端《きょくたん》なファッションには、
トレンドの方向性を示す
「メッセージ」が込《こ》められている。

✶
「超高齢《ちょうこうれい》社会」では、
「二十歳《さい》若返らせるファッション」という
トレンドが働いてくる。

✶
大人のファッションが若返ったとき、
若者は「若さ」に加え、
何か「人を引き寄せる魅力《みりょく》」を
持たなくてはならない。

4

人生を
輝《かがや》かせる
ファッションの力

Getting
Better Sense of
Fashion

Q4

今回、「人生を十倍輝《かがや》かせるために」というサブタイトルを頂きましたが、「人生を輝かせること」と「ファッション」との関係を教えていただければ幸いです。

「神様の願い」が反映されている人間の生まれつきの姿

大川隆法　人間は、産毛《うぶげ》が少し生《は》えてはいますが、毛皮も持たず、肌色《はだいろ》の皮膚《ひふ》一枚で生まれてきます。もちろん、白人の肌は白く、黒人の肌は黒いので、少しは違《ちが》いますが、皮膚一枚で生まれてきているということは、ある意味で、「神様は、人間に、生まれつきのファッション性を特に与《あた》えてくれていない」ということでしょう。

しかし、動物のなかには、努力しているわけではなくて、生まれつき模様などのきれいなものがたくさんいるのです。ヒョウやトラ、ライオン、パンダ、猫《ねこ》、犬など、それぞれ、生まれつき模様が付いており、〝服〟を着ています。つまり、天より与えられた、あるいは、親より与えられた〝服〟を着ているわけです。

ところが、人間だけは〝服〟を着ていません。そのため、実際に着る服によって違ってくるのです。

これについては、「神様から、ずいぶんサービスを受けていない」という考えもあるとは思いますが、一方では、「犬のようなフサフサの毛皮に覆《おお》われていたら、服の着ようがないではないですか」という考えもあるでしょう。

やはり、人間のつくりから見て、神様は〝白紙状態〟にしてくれているわけであり、「『どういうものを着るかによって、人は違ってくる』ということを願っている」と考えるべきだと思うのです。

もし、それが人間にふさわしくなければ、生まれつき模様や毛皮が付いているのではないでしょうか。「人間には、ヒョウ柄《がら》が似合っている」というのが天の意思ならば、おそらく、ヒョウ柄で生まれてくるはずです。

ちなみに、カルティエというブランドでは、ヒョウをシンボルにしてやっていますが、しなやかな色気《いろけ》と機敏《きびん》性を表し、セクシーさを強調しているのでしょう。

ただ、人間はそういうものを持って生まれてはきていません。だからこそ、「どのように演出するかは自由だ」ということなのです。

やはり、こうしたことをマイナスに捉《とら》えるのではなく、「人間は、どんなものでも着こなせるようになっているのだ」と考えるべきだと思います。

時代によって変化する「服装」や「髪型《かみがた》」に対する美意識

また、「ファッション」には、髪型《かみがた》まで入るかもしれませんが、もちろん、それは時代によって少し違いがあるでしょう。

例えば、江戸《えど》時代以前の髪型は、明治維新《いしん》以降、西洋の笑いものになっていますが、断髪《だんぱつ》させるのはそうとう大変だったようです。中国などを見ても、日本のちょんまげではないけれども、髪を後ろに倒《たお》して束ねたりはしていました。それを何らか真似《まね》た面はあっても、日本は島国《しまぐに》なので、別なかたちに変わってきたところがあるのかもしれません。

そのように、昔は頭を剃《そ》り上げて髪を結《ゆ》ったりするところに美学があって、それが美しく見えたのでしょうが、外国人の目にはそう見えなかったために笑われて、まげを切るようになっていったのです。

そういう髪型の変化などもあることはあるのですが、自然体でいれば、髪の毛は伸《の》びてきますし、女性であれば、かなり長く伸ばすこともできるでしょう。なお、髭《ひげ》のほうは、ある程度のところで止まることが多いようです。いつまでも伸び続ける人もいるのですが、たいていのところで止まります。

ともかく、そうした髪型とのコーディネーションがあるにしても、江戸の侍《さむらい》からすれば、今のスーツ、ネクタイ姿のほうがおかしく見えた可能性もあると思うのです。スーツやブレザー形式よりは、「裃《かみしも》を着けた格好のほうが、よっぽど決まっている」というように見えたでしょう。あるいは、二本差しにしているほうが、よっぽど格好よく見えていたかもしれません。

ただ、こういう美意識は変わるものだとは思います。

ファッションは、自分を表現する手段の一つ

いずれにせよ、「人間は、もともと、裸《はだか》になれば何も着けていないので、ファッションに関しては、ほぼ百パーセント近い自由性を与えられている」ということを知るべきでしょう。むしろ、それを使って、自分を変

えていくことができるのです。

要するに、人間は、赤ん坊《ぼう》として裸で生まれてきたときの姿で完成しているわけではありません。

もちろん、魂的《たましい》には〝中身〟ということになるのですけれども、実際は、その魂を表現するのに、「礼儀作法《れいぎさほう》」や「話し方」、「話す内容」等も入ってきます。さらには、「外見」というものも、大きな要素を占《し》めているのです。

例えば、人と交際していく場合、そうした第一印象等の影響《えいきょう》はそうとう大きいでしょう。やはり、「自分をどう表現するか」で、その人自身が分かるところはあります。ただ、それが、「人間の可能性の幅《はば》」だと思うのです。

今日は、「人生を十倍輝かせるために」という副題を付けました。これを、「オーバーだな」と思う方もいるかもしれません。しかし、私はもともと、「百倍輝かせるために」と付けたかったのです。

ただ、「百倍と言うと、みんなのけぞって、ついてこれないかな」と思い、十分の一に減らして、「十倍」にしました。十倍あたりでも、十分大げさに聞こえるだろうとは思うのですが、やはり違いはあるでしょう。

女優さんなどを見ても分かるとおり、「(外見を)どのようにつくるか」によって、職業まで変わってしまうのです。ナースにすることもできれば、学校の先生にすることもできるし、農家の嫁《よめ》にすることだってできます。着ている服や格好で変えられるわけです。

それを見れば、やはり、ファッションは自己表現の一種であり、「自分をどのようにアイデンティファイ(本人確認)してもらうか」ということだと思います。

したがって、「ファッションは、自分を表現する手段の一つなのだ」と思ってください。

「他の人の群れのなかに入ると、自分の位置がどうなるか」を考えたときに、あなたの自己表現が、ほかの人に好ましく思われ、多少なりとも社会の前進につながるようなものであればよいと思うのです。

就職や結婚《けっこん》によって変わる「自分の打ち出し方」

もちろん、ファッションについては、ある意味で、「贅沢《ぜいたく》」という面もあります。清貧《せいひん》の思想的なものから見れば、「そんなものにこだわらなくていい。ずっと同じ服装であっても、機能さえすればいいんだ」という考えもあるでしょう。

私も、若いころは豊かでなかったこともあって、ファッション性はゼロに近く、だいたい同じものを着ていました。夏も冬も、二着ぐらいの服を交替《こうたい》で着ているようなありさまでしたし、大学時代に着ていたもののなかには、中学生時代から着ていた服もあったので、「ずいぶん貧相《ひんそう》だったかなあ」とは思います。デートができなかった理由は、主として、そのあたりにもあったかもしれません。

ただ、資金難の場合はしかたがないので、将来に向けての投資のほうに励《はげ》むべきでしょう。学校の成績でもいいほうが、まだ将来の道が開けるため、今すぐに外見をどうすることもできないのであるならば、将来に向けての「知的資本」をつくるのがよいと思います。そうすれば、また道は変わるわけです。

ともかく、そういうこともあったので、私は〝無駄《むだ》な抵抗《ていこう》〟をしなかったのですが、今にして思えば、「努力としては、かなり及《およ》ばなかったのかな」と感じています。

とはいえ、人は、瞬間《しゅんかん》的に相手の印象を測《はか》るものです。

確かに、学生時代であれば、いろいろな家庭環境《かんきょう》があり、親の職業もいろいろありますが、子供のほうは、それぞれバラバラな格好をしたり、汚《きたな》い格好をしたりしていても、自由に付き合えるかもしれません。また、独身のうちは、そういうことに対する自由度が高いことは高いでしょう。

しかし、自分が職業に就《つ》き、〝一定の身分〟が出てきた場合、あるいは結婚《けっこん》している場合、服装は自由にはならなくなってきます。

例えば、「夫がどういう格好をしているか。どういう服装をして、仕事をしているか。あるいは、休日に動いているか」ということについては、やはり、「奥《おく》さんのファッション・センス」として判定されるところがそうとうあるのです。

また、その逆もあって、奥さんの姿を見て、「夫のほうの美意識が、どんなものか」と判定されることもあるわけです。

やはり、仕事によっても打ち出し方はあるでしょう。

「服装によって心境をコントロールする」という技術

さらに、俳優・女優等が、どういうものを着るかによって、演じる職業を変えてみせるように、私たちにとっても、「自分の気持ちを表現する手段として、ファッションは使える」ということです。

例えば、在家《ざいけ》時代の私は、普通《ふつう》のサラリーマンだったとは思いますけれども、教祖になるだけあって、「心の力を使わなければいけない」という気持ちは持っていました。自分の気分等についても、「現状の心境でよし」と思うのではなく、「望ましい心境とは、こういう心境だ」ということを考えていたのです。

そこで、「現在、自分はすごく落ち込《こ》んでいる。鬱《うつ》の状態にある。あるいは、六月の梅雨時《つゆどき》のような感じで、毎日を送っている。しかし、これは望ましくない」と思ったときには、少しでも努力して、「そうではない格好」をしてみました。

もちろん、大して資金をかけることはできなかったものの、「梅雨時に落ち込んでいる」という場合であれば、「少し赤色の入ったネクタイを使ってみる」とか、「明るめの柄《がら》にする」とかいうような、ちょっとした努力をした覚えがあります。

ただ、ネクタイに関しては、失敗したこともありました。

今では、ネクタイに夏物と冬物の区別など、ほぼないと見てよいでしょう。夏も冬も同じような薄《うす》い生地《きじ》のネクタイをしたりしています。ところが、当時は服と同じで、冬は厚《あつ》いネクタイ、夏は薄いネクタイをすることになっており、衣替《ころもが》えのときに、それを切り替えるようになっていました。

正直に言えば、それを〝学問的〟に教わってはいなかったのが原因だと思いますが、梅雨時に気分転換《てんかん》として、「明るく朗《ほが》らかで、ハッピーな自分を演出しよう」と思い、クリスマスシーズンにするようなネクタイを着けて出社したことがあるのです。

そのときは、朝、職場に着く前に、オフィスまでのエレベーターのなかで、「おまえ、それは冬物だ」と指摘《してき》されました（笑）。そう言われて、「恥《は》ずかしい。知らなかった。そうだったのか」と思ったのです。

そのネクタイは、赤と緑のストライプが入った、クリスマスに合う柄のものであり、要するに、「クリスマス用のネクタイ」でした。

それを、「今は、梅雨時だから、クリスマス気分のようなハッピーな感じで行こう」と思って会社に着けていったのですが、その当時はまだ、ネクタイに、厚い薄いの差がかなりあったのです。

そのため、十年ぐらい上の先輩《せんぱい》からでしたが、「おまえ、それは冬物だ。今は六月だ。恥ずかしいと思わんか」と言われたわけです。

「冬物か夏物か、自分でもよく分からなかったぐらいなのに、エレベーターのなかで見て、すぐ分かるのか」と、けっこう悔《くや》しい思いをしました。

ファッションを見る目にもある「段違《だんちが》いの差」

また、以前、最初のころの講演会の話をしたことがあったと思います（『幸福の科学学園の目指すもの』〔宗教法人幸福の科学刊〕参照）。それは、一九八七年の十月十日の講演会でした（『悟《さと》りの原理』〔幸福の科学出版刊〕所収の「悟りの原理」）。

その日はとても暑く、日差《ひざ》しも強い〝夏日《なつび》〟だったので、私は、「暑いから服も夏用でいいし、ネクタイも夏用でいいな」と思い、水色と白のストライプで幅の広いネクタイをして行ったのです。秋に衣替えをする十月に入って、わずか一週間ぐらいのときでした。

ところが、観客席からそれが見えたのでしょうか。あとから女性に、「夏物のネクタイをしていた」と指摘されたのです。

私は当時、「一週間ぐらい、いいじゃないか」と思ったのですが、ご指摘のとおり「夏物」でした（笑）。それについては、私にも自覚はあって、知ってはいたものの、水色と白のストライプのネクタイをしていたのです。「十月の初めは、日差しが強い場合は暑いので、夏物をしていても、全然問題ないだろう」と思っていました。しかし、「夏物だ」という指摘が来ました。

その女性は、今、美術系の大学を出た当会の〝重役《じゅうやく》〟の奥さんになっている方ですが、「夏物だ」と、ずばり指摘されたのを覚えています。

私としては、「このくらい許してよ!」という気持ちはあったし、〝掟《おきて》〟を破っていることも知ってはいました。ただ、〝気分〟としてはそうだったので夏物を着けたのですが、やはり、「夏物だ」と見破《みやぶ》られ、指摘されたわけです。

あのときはすでに、講演会としては千人規模ぐらいだったので、ネクタイが夏物か冬物かは、観客席から見て分かるとは思いませんでした。ライティングはしたとしても、「まさか、ネクタイの厚みまで見えるわけがないから、夏物か冬物か分からないだろう」と思っていたのです。

しかし、それが分かったということで、こちらもショックを受けました。とにかく、目の肥《こ》えている人には気をつけないといけません。ファッション系に関しては、「目が肥えている」という「段違《だんちが》いの差」は、はっきりとあります。剣道《けんどう》や柔道《じゅうどう》、空手《からて》などで段が違う場合、少し手合わせをしてみれば、「もう敵《かな》わん」ということはすぐ分かりますが、やはり、ファッションのほうにも〝段〟があるのでしょう。かけた「時間」と「資金」、および「経験量」によって、明らかに見立てが違います。

そのため、「見る人が見ると、一発で見破ってしまうけれども、分からない人にとっては、全然分からない」ということがありうるわけです。

「ファッションにも、ある意味での段位、段差があるものだ。ファッション・センスにおいて上位の者から見られたら、一発で、いろいろなものを見破られてしまうのだ」と知っておいてください。

服装から見破られた私の〝衣食住関係〟

例えば、ファッション・センスとは関係はありませんけれども、初期のころの研修会では、私の靴下《くつした》の裏に穴が開いているのを見破られたことまでありました（苦笑）。そのときはさらに、「（大川隆法は）独身で、世話をしている人がいない。そういう人がいたら、穴が開いている靴下をはかせるわけがない」ということも見破られたわけです。

しかし、独身的感覚としては、足を上げなければ、穴が開いているところは見えません。裏に穴が開いていても、歩いているかぎりは見えはしないはずなのです。ところが、人前で話をしていると、なぜか、座《すわ》って聴《き》いている人に、私の足の裏が見える瞬間があるのでしょう。すごく目がよくて、まるでバードウオッチャーのような目ですが、靴下の裏に穴が開いているというのを見破られてしまい、参加していた女子大生の間で、「先生の靴下の裏には穴が開いている」という話が、ワーッと広まりました。

ほかにも、「ワイシャツのボタンとボタンの間に〝輪っか〟ができている」とも言われたことがあります。これは、ワイシャツを買った時点から、着ている時点までの間に太ったか、あるいは、クリーニングをしたためにワイシャツが縮んだか、ということを意味しているのです。つまり、「体のサイズに合っていないワイシャツを着ている」ということですが、そのとおりであって、上着を取れば、実は、「だんだん腹《ばら》」が出てくるようなワイシャツを着ていました。

私は、「ブレザーを着ていれば分からないだろう」と思って、そのワイシャツを着ていましたが、実は、〝輪っか〟ができているというところまで発見されていたのです。

そのように、初期のころの研修会では、「〝衣食住関係〟を、ほぼ見破られる」という体験をしました。

「宗教での常識」が通じなかった、服装へのクレーム

それから、当時は、宗教系で長く活動していた人が参謀《さんぼう》としてついていたのですが、その人が、「やはり宗教だから、あまりお金回りがいいように見えないほうがよいと思う。三日間の研修では、同じ紺《こん》のブレザー

を着て出たほうがいい」と言うので、同じブレザーを着て出たこともありました。

確かに、僧衣《そうい》というのはだいたい同じものであり、墨染《すみぞ》めの衣《ころも》であればずっとそれで通していますから、別に日替《ひが》わりにする必要はないわけです。それで、私も三日とも紺のブレザーを着て出たわけですけれども、「三日間、同じ服を着ていた」ということが、女性の間で噂《うわさ》になりました。「植福《しょくふく》が集まるには、お金に苦労しているように見えたほうがいいだろう」と思い、そうしたのですが、やはり〝非難〟の対象になったのです。

「三日も同じものを着ているというのは、いくら何でもひどいのではないか」「百何十人とか二百人とかの前に出て話をする以上、洋服ぐらい替えたらどうか」と言われてしまいました。三日間、それも朝昼晩と研修をしていますから、ずっと同じ服を見ている側としては、気になってしかたがないわけです。「ずいぶん手軽に来ているなあ」という感じでしょうか。

最初のころは、別に収益をあげる気もなかったので、研修会などもトントンでできるぐらいの原価で行っていたわけですけれども、そういう批判も来たのです。それはやはり、「人前に立つ人は、ちょっとは服を替えるべきなのではないですか」という考えでしょう。

そういうところに、そうとう〝クレーム〟が集中してきたので、非常に不本意ではあったのですが、宗教を経験している人の「常識」とは合わなかったことがあったのです。

やはり、人の感覚というのは、そういうものなのではないかと思います。

結婚式などでも、よく「お色直《いろなお》し」といって新婦が着替えたりしますけれども、「目を楽しませる」ということも、時間をもたせる一つの技術ではあるのでしょう。

ですから、一日であっても、朝昼晩と出てくるのであれば、ちょっとは考えてもよいかもしれないし、シチュエーションによっては替えてもよいのかもしれないので、普通は、スタイリストなどがつくべきものだったのだと思います。それをしていなかったというところを、初期の一九八七年ごろには、すでに〝打ち込まれて〟いるので、「厳しいなあ」と思いました。

八七年前半のころは、まだ自分には給料が出ていなかった時代なので、そういうときにあまり言われるのは厳しいのですが、見事に指摘されましたから、やはり、人の目は厳しいものです。

「素人《しろうと》」でもそのように見るものなので、ましてや「プロ」になると、おそらくもっと厳しいだろうと思います。

そういう意味で、いろいろな指摘を受けつつ、恥《はじ》をかきつつ、努力していくことは大事なのではないでしょうか。「仕事の実績」や「社会的地位」、「収入」、「評判」、「人気」など、その他いろいろなものがあると思うのですが、そうした自分の成長に合わせて、「自己変革」をしていく必要があるでしょう。

食事でも服装でも、作法《さほう》を知らないと恥《はじ》をかくことがある

私も、商社時代、初めてアメリカに行ったころは、まだ食べたことのないものもたくさんありました。例えば、チャイナタウンに連れていか

れても、学生時代、北京《ペキン》ダックを食べたことがなかったために、アヒルの皮とネギに味噌《みそ》をつけて、薄餅《うすもち》で巻いて食べるという作法《さほう》を知りませんでした。

その後、経験したところでは、今の日本のホテルなどであれば、お店の人が器用に上手に巻いて、食べられる状態にして出してくれるため、恥《はじ》をかくことはあまりないのですが、アメリカあたりは〝手抜《てぬ》き〟なので、けっこうセルフサービスでさせられるのです。

チャイナタウンあたりでは、アヒルの皮や蒸《む》した薄餅など、それのみをドーンと何枚も積み上げて持ってきます。それは、「自分で巻いて食べろ」ということなのですが、最初にそういう店に行った場合は、食べ方が分かりません。そのため、私も、それらをバラバラに食べて、銀行の人に「おいしいですよ」と勧《すす》め、あとで笑われた経験をしたわけです。

このように、食事のときに食べたことのないものがあると恥をかくこともありますが、やはり、服でも似たようなことはたくさんあると知っておいたほうがよいでしょう。配色やコーディネーション等についても似たようなことはあり、上の人に教わらないと分からないことというのは、本当にたくさんあるわけです。

服のエキスパートからアドバイスされた「ポケットの使い方」

私も服をつくっているほうですけれども、先日、こんなことを言われました。

外に出かけた際に、「先生、その左のポケットの膨《ふく》らみは、名刺《めいし》入れが入っているのではないですか」と訊《き》かれたので、「ええ、そうですけど」と答えたところ、「駄目です。そんなところに名刺入れを入れてはいけません」と言われたのです。

最近の服の裏には、名刺入れを入れるための裏ポケットが付いているのですが、私もそれは聞いたことがなかったので知りませんでした。「名刺入れは、外側のポケットのほうに入れたら膨らみが出て太って見えます。格好悪いので、内側のポケットに入れてください」と言われ、教わったことがないものは知りませんから、「ああ、そうですか」と、頭が下がりました。

さらに、「もう一つ申し上げます。お財布《さいふ》を右のポケットに入れていますね？　それは駄目です。太って見えます。膨らんで格好悪いです。フアッション性を損《そこ》ないますから、お財布はカバンか何かに入れてください」と言うのです。

男として、財布ぐらいは持っていないと恥をかきますから、私も持っていますけれども、あまり少ない金額でもいけないと思い、ある程度の金額を入れると、やはり膨らみます。それで、「サラリーマンではないのですから。そのくらいのことも分からないのですか」ということで、指摘をされたわけです。

「お付きの方だっているではないですか。そうしたものは秘書に持たせたらいいわけであって、わざわざポケットを膨らませて歩かないでくださいい」ということなのでしょう。「せっかくいい服を着ているのに、財布で膨らんでいます。そんなところは見せないでください」ということで、ご指摘を受けました。「まあ、それもごもっともであるかな」ということで、恥をかくわけです。

このように、その道で長年やっているエキスパートがいます。仕事でコミュニケーションを取ったり、意見を取り入れたりすることは大事ですが、仕事以外の面でそういうエキスパートからのアドバイスを受けることも大事です。そうしているうちに、分かってきたり、勉強ができるようになったりすることもあるのです。

時計ひとつ取っても奥《おく》が深い「通《つう》の世界」

例えば、今、私がつけている時計は、「スケルトン」という種類のものです。「スケルトン」とは「骸骨《がいこつ》」という意味ですが、時計では、なかの構造が見えるようになっているもののことをいいます。

ただ、なかの構造が見えるというのは、もともとは「恥ずかしい」ことでしょう。時計としては恥ずかしいことなので、見えないようにできていたのですが、「なかの動いている構造が見えるようにするのが格好いい」というような流れが出てきたのです。

また、そのなかでも、時計を動かしている〝心臓部分〟がよく見えるのが格好よく（トゥールビヨン）、普通は、そこまでがスケルトンの限界なのですが、今、私がつけているスケルトンのトゥールビヨンは、なかが透《す》き通って見える上に、さらにその奥《おく》の透明《とうめい》の部分には、実は、私の肌の色が見えています。つまり、機械だけが本当に骨のようになり、裏側の肌まで透き通って見えているわけです。

● トゥールビヨン

機械式時計の機構の一つ。重力の影響《えいきょう》で生じる誤差を自動的に補正することで、極《きわ》めて高い精度を実現する。非常に複雑な機構であるため、製造できるのは、熟練した技術を持つ限られた職人のみとされる。

この肌が見えるところまでのスケルトンをつくる技術というのは、かなり難しく、普通は、裏の部分に金《かね》が付いています。裏の金が付いてのスケルトンです。したがって、「後ろの肌が透き通って見える」というのは、「機能を最小限にまで絞《しぼ》り込んでつくり上げている」ということなので、技術的にはそうとう難しいものなのです。

ですから、知識的に、「ああ、これはスケルトンだね」ということは分かっても、スケルトンには、厚い時計しかつくれない場合と、薄い時計をつくれる場合とがあるわけです。私がつけているものは、スケルトンにしてはとても薄いのですが、こういう薄いスケルトンをつくるのは、技術的にはかなり難しいことなのです。

こうした違いが分かっているかどうかは、それなりの「通《つう》の世界」で見ての感覚であり、例えば、私の時計を見て、「世界に何本ぐらいあるか」

説法時につけていたスケルトンの腕時計。

というところまで分かる人もいます。

そのように、各世界にそれぞれプロフェッショナルがいて、見ただけでだいたい分かったり、値段が当てられたりするわけです。

もっと厳しい人になると、「これは、どこのメーカーのものか」、あるいは、「あのあたりの職人でないと、このへんのものはつくれないのではないか」というところまで分かるので、やはり、それぞれの世界に、「通の世界」はあるということです。

勉強をしていない店員には分からない「特別な商品の知識」

ちなみに、私が今つけている時計はピアジェのものですが、例えば、ピアジェの各店舗《てんぽ》へ行き、この時計を見せても、普通の店員であれば、ピアジェにこのような時計があることは知りません。それは、そういう人には見せない時計だからです。相手を絞り込んでの、特定売りをする時計なので、まず知らないわけです。

そのため、お笑いのようですが、自分のブランドのところの時計でも、店員が知らないことはたくさんあります。

例えば、英字新聞などを読んでいると、外国ものの時計の広告が一ページでよく載《の》っています。そこには店の名前も書いてあるので、銀《ぎん》

●ピアジェ

ジョルジュ・エドワール・ピアジェが1874年にスイスで設立。小さな時計工房《こうぼう》からスタートし、現在は高級時計やジュエリーを扱《あつか》う世界的ブランドとなっている。極薄《ごくうす》時計の先駆者《せんくしゃ》的存在。

座《ざ》のそのブランド店に行き、「今日、広告に載っていたこれはありますか」と訊《き》いても、「うちではそんな時計はつくっていません」と言われることがあるのです。それは、「勉強していない」ということでしょう。

私が訊いたものは、パリやジュネーブといったところで売り出しているものだったので、広告は英字紙に出していたわけですけれども、日本の英字紙にも出している以上、それは、日本のマーケットにまで浸透《しんとう》していなければいけないはずです。ところが、日本の店の店員は知らなかったわけです。

「知らないと言ったって、おたくでしょう？」と言っても、「いえ、うちではないのではありませんか。似た名前の店があるので、たぶん、それは、そこの店の時計でしょう。私は知りません」と言うのです。それで、「そこまで言うなら、記事を切り抜いて持ってきましょうか。おたくの名前が載っているでしょう」と言ったのですが、「ええ!? そんなの知りません」と言われてしまいました。英字新聞を読んでいないから知らなかったのだと思いますが、おそらく、国内の日本語版では、その〝通《つう》達《たつ》〟が来ていなかったのでしょう。

このように、お客さんが買いに来ても、店員は「知らない」と言うこともあり、そうすると、「勉強していない」と思われて、だいたいバカにされます。客は知っているのに、売っているほうが知らないのでは、バカにされて恥をかくわけです。

店員としては「恥ずかしい!」という思いをするのですが、客のほうは、それでその人の勉強レベルがだいたい分かるので、そういうところには行かなくなるということがあるのです。

「仕事寿命《じゅみょう》」を延ばすことにもつながるファッションの可能性

ファッションも、道楽《どうらく》といえば道楽のようなところがあるのですが、〝仕込み〟の部分や〝隠《かく》し味〟の部分は時間がかかるし、「経験」も要《い》るので、努力をすれば、そう簡単には、押《お》し上げてくる若い人たちに負けない部分もあります。

したがって、野球選手で言えば選手寿命《じゅみょう》、仕事人で言えば、仕事ができるクリエイティブな頭脳を維持するための、「脳トレ」になる部分もあるのではないかと思うのです。

「人生を十倍輝かせる」かどうかは分かりませんが、少なくとも、「仕事寿命」を延ばすことは大事なのではないでしょうか。

「定年」というものが決められているところが多いため、それを自分の定年だと思い込み、「定年になったら一切《いっさい》のものは無駄になるのだ」と思っていれば、それ以上働くことはできませんが、定年になっても、その後も活躍《かつやく》し続ける人は大勢います。そういう人々は、それなりの〝企業《きぎょう》努力〟をなされているのでしょう。

とにかく、人前に出るような仕事をしている人は、そういう意識を持ち続けているかぎり、普通の人よりは年を取るのが遅《おそ》くなりますし、また、新しいものに関心を持つことによって、「仕事寿命」を延ばすことができるのです。

それから、もちろん、「若い人たちのセンスを常に学ぶ」ということも大事です。逆に、若い人は経験や資金を持っていないことが多いので、

「こんなファッションもありえるんだよ」というようなことを教えてあげることもできます。そうしたいろいろな努力があるのではないでしょうか。

こだわりの強い「ショッキングな服」の効用

今日、私の胸元《むなもと》にはチーフが入っていますけれども、服によっては、なんとチーフが入らないようにつくってあるものまであり、こだわりがあります。

今、私が着ているものは入るようになっていますが、「チーフを入れられると、この服の色が死ぬ」と思うような人がつくると、わざと入らないように閉《と》じてあるのです。あるいは、左右のポケットでも、いちおうポケットのように付いていても、入り口が開いていなくてなかに手が入らない、ただの飾《かざ》りポケットである場合もあります。

こういうファッション・センスを見るにつけても、「実に、うるさいこだわりがあるなあ」と思います。

そのように、ポケットのなかにものを入れさせないように、入り口を糸で縫《ぬ》ってあることがあります。胸ポケットも、チーフが入る場合と入らない場合とがあって、ポケットらしいけれどもチーフを入れさせてくれないこともあるわけです。

例えば、真っ白のスーツを着るときなどはそうでしょう。真っ白なスーツを着るのは、よほどの勝負服の場合でしょうから、「これに変なものをコーディネートされたら困る」と思うと、ポケットを閉じてしまうのでしょう。「何も入れさせない。白は白で勝負」と考えるわけです。

私がかつて着た服で、いちばんショッキングだったものは、「演壇《えんだん》に上がるときまで着ないでください」と言われた服です。

「着ていかないでください」と言うので、「それはないでしょう。着なければ服の意味がないではないですか」と言っても、「いや、着るとシワが入るので、着ないでください」と言われるわけです。

そういう、「演壇に上がる直前に着てください」という服を持ってはいるのですが、それは何かと言うと、「竹の繊維《せんい》で編《あ》んだ服」です。

竹の繊維で細《こま》かく編んだ服というのは、着て車に乗ると、その間にシワが入ってしまい、すぐには戻《もど》らないそうなのです。

そのため、「直前まで着ないでください。誰《だれ》かが持っていって、現地で演壇に上がる前に着てください。竹の繊維なので、シワになったものはプレスをかけても駄目ですから、一期一会《いちごいちえ》と思って着てください」と言われて、「何とも恐《おそ》ろしい服が世の中にはあるものだな」と思ったことがありますが、そんなことは、見ている側の人には分かるわけがありません。「着たらシワになるから、着れない服を着ている」というのは分かるはずがないのですけれども、凝《こ》る人はそこまで凝ってくることもあるのです。

そういう場合は、「今日は、ほかの人が着ていないものを着ているのだ」という自覚を持つことで、いい仕事ができ、その代金を〝回収〟することになるのでしょう。

いずれにせよ、「その日のテーマに合ったものを着る」というような努力もあるかもしれません。

ですから、中年以降は、〝企業努力〟が特に大きくなるのではないかと思います。

また、若いうちは特に、こざっぱりとして、小汚《こぎたな》い感じにならないように努力すべきでしょう。マイナス要因を除いて、こざっぱりする努力が必要かと思いますが、次第《しだい》しだいに、「つくっていく美学」も必要なのではないかと思います。

Point

✴ ファッションには、
本当は「人生を百倍輝《かがや》かせる力」がある。

✴ その道のエキスパートの
アドバイスを受けることで「見る目」が養われ、
ファッションの〝段位〟を上げることができる。

✴ ファッションには、
「クリエイティブな頭脳」を維持《いじ》し、
「仕事寿命《じゅみょう》」を延ばす力がある。

あとがき

まえがきで「脱線学」という言葉を思わず使ってしまったが、私がファッションについて語ったり、映画の作詞や作曲にも参入《さんにゅう》するなど、まったく予想もしていなかったことである。

先日もHSUの文化祭にお招きした評論家の日下公人《くさかきみんど》先生が、八十分のご講話の中で、「大川隆法さんの顔がどんどん良くなってきた。人間こうでなくてはならない。今、ラグビーでフィーバーしている五郎丸《ごろうまる》選手のようないい顔になってきた（?）。」と十回以上述べられたそうだ。日本を代表する八十五歳の賢者《けんじゃ》の言葉に、こんなところにも観察者がおられたかと、驚きを禁《きん》じえなかった。

おそらく、顔は少しやせただけで、主としてファッション・センスのたまものかと思う。「エイジレス成功法」には、ファッション・センスの磨き方も必須《ひっす》かと思う。クリエイティブな人生を生きようとしているかどうかのマインド・チェックの一つともなるだろう。

二〇一五年　十一月二十四日

幸福《こうふく》の科学《かがく》グループ創始者兼総裁《そうししゃけんそうさい》　大川隆法《おおかわりゅうほう》

『ファッション・センスの磨き方』大川隆法著作関連書籍

『創造の法』（幸福の科学出版刊）
『悟りの原理』（同右）
『美の伝道師の使命』（同右）
『エイジレス成功法』（同右）

※左記は書店では取り扱っておりません。最寄りの精舎・支部・拠点までお問い合わせください。
『幸福の科学学園の目指すもの』（宗教法人幸福の科学刊）

ファッション・センスの磨《みが》き方《かた》

──人生を10倍輝かせるために──

2015年12月14日　初版第1刷

著　者　　大《おお》　川《かわ》　隆《りゅう》　法《ほう》

発行所　　幸福の科学出版株式会社

〒107-0052 東京都港区赤坂2丁目10番14号
TEL(03)5573-7700
http://www.irhpress.co.jp/

印刷・製本　株式会社 堀内印刷所

落丁・乱丁本はおとりかえいたします

ISBN978-4-86395-743-5 C0076
photo：AP アフロ／Victor Boyko／Catwalking／RindoffLe Segretain

大川隆法霊言シリーズ・「美」の秘密に迫る

女優・北川景子
人気の秘密

「知的オーラ」「一日9食でも太らない」など、美人女優・北川景子の秘密に迫る。そのスピリチュアルな人生観も明らかに。過去世は、日本が誇る絶世の美女!?

1,400円

ローラの秘密

モデルとして、タレントとして、幅広い世代に人気の天然キャラ・ローラの素顔をスピリチュアル・インタビュー。みんなから愛されるキラキラ・オーラの秘密を大公開!

1,400円

「神秘の時」の刻み方
女優・深田恭子 守護霊インタビュー

人気女優・深田恭子の神秘的な美しさには、どんな秘密が隠されているのか？ 彼女の演技観、結婚観から魂のルーツまで、守護霊が語り明かす。

1,400円

※表示価格は本体価格(税別)です。

大川隆法ベストセラーズ・「美」の秘密に迫る

女神の条件 女優・小川知子の守護霊が語る成功の秘密

芸能界で輝き続ける女優のプロフェッショナル論。メンタル、フィジカル、そしてスピリチュアルな面から、感動を与える「一流の条件」が明らかに。

1,400円

美とは何か ―小野小町の霊言―

人気女優・北川景子の過去世であり、世界三大美女に数えられる平安の歌人・小野小町が語る、世界に誇るべき「日本の美」「言霊の神秘」とは。

1,400円

美の伝道師の使命 美的センスを磨く秘訣

美には「素材の美」「様式美」以外に、「表現美」がある──。一流の人間が醸し出す美、心と美の関係など、美的センスを高める秘訣を公開！

1,400円

幸福の科学出版

大川隆法ベストセラーズ・人生を輝かせるために

エイジレス成功法
生涯現役9つの秘訣

年齢に縛られない生き方がある――。この「考え方」で、心・体・頭がみるみる若返り、介護や痴呆とは無縁の「生涯現役人生」が拓けてくる!

1,500円

夫を出世させる「あげまん妻」の10の法則

これから結婚したいあなたも、家庭をまもる主婦も、社会で活躍するキャリア女性も、パートナーを成功させる「繁栄の女神」になれるヒントが、この一冊に!

1,300円

人生の迷いに対処する法
幸福を選択する4つのヒント

「結婚」「職場の人間関係」「身体的コンプレックス」「親子の葛藤」など、人生の悩みを解決して、自分も成長していくための4つのヒント。

1,500円

※表示価格は本体価格(税別)です。

大川隆法ベストセラーズ・大川隆法の仕事法・成功法

職業としての宗教家
大川隆法 スピリチュアル・
ライフの極意

霊的かつ知的な日常生活、霊言収録の舞台裏、知的生産の秘訣など、幸福の科学総裁の新たな魅力が明かされた、女優・雲母とのスペシャル対談。

1,400円

素顔の大川隆法

素朴な疑問からドキッとするテーマまで、女性編集長3人の質問に気さくに答えた、101分公開ロングインタビュー。大注目の宗教家が、その本音を明かす。

1,300円

プロフェッショナルとしての国際ビジネスマンの条件

実用英語だけでは、国際社会で通用しない! 語学力と教養を兼ね備えた真の国際人をめざし、日本人が世界で活躍するための心構えを語る。

1,500円

※表示価格は本体価格(税別)です。

クリエイティブな仕事を目指して

大川隆法名言集
「創造的」になりたい“あなた”へ
123の金言

大川真輝　著

どうしたらクリエイティブになれるのか。大川隆法総裁が説いてきた「創造」の魔法を本書に凝縮。この一冊で、あなたも創造的人間に。

1,300円

感動を与える演技論

心を揺さぶる感性の探究

小田正鏡　著

ＰＶ制作や映画7作の総合プロデュースの実績を持つ著者が語る「演技論入門」。女優・小川知子のインタビューも収録。【ＨＳＵ出版会刊】

1,100円

新時代のクリエイティブ入門

未来創造こそ、「天才」の使命

松本弘司　著

広告・映画業界で数多くの実績を持つ著者が語る、新しい「クリエーター論」「人材論」。未来の文化・芸術が見えてくる一冊。【ＨＳＵ出版会刊】

1,100円

※表示価格は本体価格（税別）です。

Welcome to Happy Science!
幸福の科学グループ紹介

「一人ひとりを幸福にし、世界を明るく照らしたい」──。
その理想を目指し、
幸福の科学グループは宗教を根本《こんぽん》にしながら、
幅広い分野で活動を続けています。

宗教活動

宗教法人 幸福の科学【happy-science.jp】

- 支部活動【map.happy-science.jp（支部・精舎へのアクセス）】
- 精舎（研修施設）での研修・祈願【shoja-irh.jp】
- 学生局【03-5457-1773】
- 青年局【03-3535-3310】
- 百歳まで生きる会（シニア層対象）
- シニア・プラン21（生涯現役人生の実現）【03-6384-0778】
- 幸福結婚相談所【happy-science.jp/activity/group/happy-wedding】
- 来世幸福園（霊園）【raise-nasu.kofuku-no-kagaku.or.jp】

来世幸福セレモニー株式会社【03-6311-7286】

株式会社 Earth Innovation【earthinnovation.jp】

社会貢献

ヘレンの会（障害者の活動支援）【www.helen-hs.net】
自殺防止運動【www.withyou-hs.net】
支援活動
- 一般財団法人
「いじめから子供を守ろうネットワーク」【03-5719-2170】
- 犯罪更生者支援

国際事業

Happy Science 海外法人
【happy-science.org（英語版）】【hans.happy-science.org（中国語簡体字版）】

教育事業

学校法人 幸福の科学学園
- 中学校・高等学校（那須本校）【happy-science.ac.jp】
- 関西中学校・高等学校（関西校）【kansai.happy-science.ac.jp】

宗教教育機関
- 仏法真理塾「サクセスNo.1」（信仰教育と学業修行）【03-5750-0747】
- エンゼルプランV（未就学児信仰教育）【03-5750-0757】
- ネバー・マインド（不登校児支援）【hs-nevermind.org】
  - ユー・アー・エンゼル！運動（障害児支援）【you-are-angel.org】

高等宗教研究機関
- ハッピー・サイエンス・ユニバーシティ（HSU）

政治活動

幸福実現党【hr-party.jp】
- <機関紙>「幸福実現NEWS」
- <出版> 書籍・DVDなどの発刊

HS政経塾【hs-seikei.happy-science.jp】

出版 メディア 関連事業

幸福の科学の内部向け経典の発刊

幸福の科学の月刊小冊子【info.happy-science.jp/magazine】

幸福の科学出版株式会社【irhpress.co.jp】
- 書籍・CD・DVD・BDなどの発刊
- <映画>「UFO学園の秘密」【ufo-academy.com】ほか8作
- <オピニオン誌>「ザ・リバティ」【the-liberty.com】
- <女性誌>「アー・ユー・ハッピー？」【are-you-happy.com】
- <書店> ブックスフューチャー【booksfuture.com】
- <広告代理店> 株式会社メディア・フューチャー

メディア文化事業
- <ネット番組>「THE FACT」【youtube.com/user/theFACTtvChannel】
- <ラジオ>「天使のモーニングコール」【tenshi-call.com】

スター養成部（芸能人材の育成）【03-5793-1773】

ニュースター・プロダクション株式会社【newstar-pro.com】

幸福の科学グループの教育・人材養成事業

ハッピー・サイエンス・ユニバーシティ

Happy Science University

ハッピー・サイエンス・ユニバーシティとは

ハッピー・サイエンス・ユニバーシティ(HSU)は、大川隆法総裁が設立された「現代の松下村塾」であり、「日本発の本格私学」です。

建学の精神として「幸福の探究と新文明の創造」を掲げ、チャレンジ精神にあふれ、新時代を切り拓く人材の輩出を目指します。

学部のご案内

人間幸福学部

人間学を学び、新時代を切り拓くリーダーとなる

経営成功学部

企業や国家の繁栄を実現する、起業家精神あふれる人材となる

未来産業学部

新文明の源流を創造するチャレンジャーとなる

未来創造学部

2016年4月開設予定

時代を変え、未来を創る主役となる

政治家やジャーナリスト、ライター、俳優・タレントなどのスター、映画監督・脚本家などのクリエーター人材を育てます。※

※キャンパスは東京がメインとなり、2年制の短期特進課程も新設します(4年制の1年次は千葉です)。2017年3月までは、赤坂「ユートピア活動推進館」、2017年4月より東京都江東区(東西線東陽町駅近く)の新校舎「HSU未来創造・東京キャンパス」がキャンパスとなります。

住所 〒299-4325 千葉県長生郡長生村一松丙 4427-1
TEL.0475-32-7770

幸福の科学グループの教育・人材養成事業

スター養成スクール

私たちは魂のオーラを放つ、幸福の科学オリジナルスターを目指しています。

神様の代役として、人々に愛や希望、あるいは救いを与えるのがそうしたスターやタレント達の使命なのです。

（「『時間よ、止まれ。』―女優・武井咲とその時代」より）

レッスン内容

- Power of Faith（信仰教育）
- 芸能基礎レッスン（日舞、バレエ）
- 演技レッスン
- ジャズダンス
- ボーカルレッスン

スター養成スクール生大募集！

小学校1年生～25歳までのスターを目指す男女（経験不問）。
電話：03-5793-1773

NEW STAR PRODUCTION

ニュースター・プロダクション

ニュースター・プロダクションは、世界を明るく照らす光となることを願い活動する芸能プロダクションです。2016年3月には、ニュースター・プロダクション制作映画「天使に“アイム・ファイン”」が公開予定となっています。

2016年3月
全国公開
予定

入会のご案内

あなたも、幸福の科学に集い、ほんとうの幸福を見つけてみませんか？

幸福の科学では、大川隆法総裁が説く仏法真理をもとに、
「どうすれば幸福になれるのか、また、
他の人を幸福にできるのか」を学び、実践しています。

入会

大川隆法総裁の教えを信じ、学ぼうとする方なら、どなたでも入会できます。入会された方には、『入会版「正心法語」』が授与されます。（入会の奉納は1,000円目安です）

ネットでも**入会**
できます。詳しくは、
下記URLへ。
happy-science.jp/joinus

三帰《さんき》誓願《せいがん》

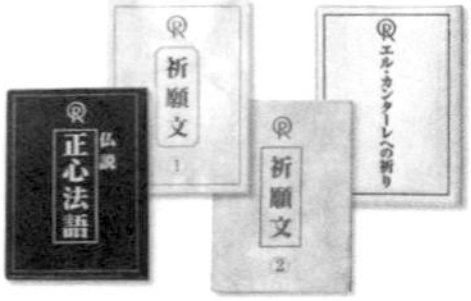

仏弟子としてさらに信仰を深めたい方は、仏・法・僧の三宝への帰依を誓う「三帰誓願式」を受けることができます。三帰誓願者には、『仏説・正心法語』『祈願文①』『祈願文②』『エル・カンターレへの祈り』が授与されます。

植福《しょくふく》の会

植福は、ユートピア建設のために、自分の富を差し出す尊い布施の行為です。布施の機会として、毎月1口1,000円からお申込みいただける、「植福の会」がございます。

「植福の会」に参加された方のうちご希望の方には、幸福の科学の小冊子（毎月1回）をお送りいたします。詳しくは、下記の電話番号までお問い合わせください。

月刊「幸福の科学」

ザ・伝道

ヤング・ブッダ

ヘルメス・エンゼルズ

INFORMATION
幸福の科学サービスセンター
TEL. 03-5793-1727（受付時間 火〜金：10〜20時／土・日・祝日：10〜18時）
宗教法人 幸福の科学 公式サイト **happy-science.jp**